¿Qué tiempo hace?

Llueve

Kristin Boerger y Suzi Boyett

Consultora de lectura: Susan Nations, M. Ed., autora/tutora de alfabetización/consultora de desarrollo de la lectura

Gareth Stevens PUBLISHING

Please visit our website, www.garethstevens.com.
For a free color catalog of all our high-quality books,
call toll free 1-800-542-2595 or fax 1-877-542-2596.

Library of Congress Cataloging-in-Publication Data

Boerger, Kristin.
(Let's read about rain. Spanish)
Llueve / por Kristin Boerger and Suzi Boyett.
p. cm. — (¿Qué tiempo hace?)
ISBN-13: 978-0-8368-8113-4 (lib. bdg.)
ISBN-13: 978-0-8368-8118-9 (softcover)
1. Rain and rainfall—Juvenile literature. 2. Weather—Juvenile literature.
I. Boyett, Suzi, 1970- II. Title.
QC924.7.B6418 2007
551.57'7—dc22 2006034750

This edition first published in 2007 by
Gareth Stevens Publishing
111 East 14th Street, Suite 349
New York, NY 10003

Editor: Dorothy L. Gibbs
Art direction: Tammy West
Cover design and page layout: Dave Kowalski
Photo research: Diane Laska-Swanke
Spanish translation: Tatiana Acosta and Guillermo Gutiérrez

Picture credits: Cover, title, © Bill Bachmann/PhotoEdit; pp. 4, 10 © David Young-Wolff/PhotoEdit; p. 5 © Susan Van Etten/PhotoEdit; pp. 6, 12 (upper right) © Adam Jones/Photo Researchers, Inc.; p. 7 © Ariel Skelley/CORBIS; p. 8 © Viviane Moos/CORBIS; p. 9 © Robert Brenner/PhotoEdit; p. 11 © Tony Freeman/PhotoEdit; p. 12 (upper left, lower left and right) © Diane Laska-Swanke

Printed in the United States of America

2 3 4 5 6 7 8 9 10 10 09 08

Nota para los maestros y los padres

Aprender a leer es una de las actividades más emocio-nantes y estimulantes para los niños pequeños. Entre otras destrezas, los niños están comenzando a entender la relación entre el lenguaje oral y el escrito, y a aprender convenciones de la letra impresa como la dirección de lectura. Los libros apropiados para lectores incipientes deben incorporar muchas de estas convenciones, además de resultar atrayentes e interesantes.

Los libros de la colección *¿Qué tiempo hace?* están pensados para apoyar a los jóvenes lectores en las primeras etapas de ese aprendizaje. Los niños disfrutarán mirando las fotografías a todo color para ver y conocer distintas clases de tiempo. ¡Cada libro los invitará a leer una y otra vez!

Además de servir como maravillosos libros ilustrados en escuelas, bibliotecas y hogares, estos libros han sido especialmente concebidos para ser leídos en pequeños grupos de lectura guiada. El contexto de un grupo reducido permite que el maestro u otro adulto proporcione el andamiaje en el que se basarán los progresos del lector. ¡Estos libros les resultarán útiles, estimulantes y divertidos a niños y a adultos por igual!

— Susan Nations, M.Ed., autora/
tutora de alfabetización/consultora
de desarrollo de la lectura

Llueve en
la acera.

Llueve en la calle.

Llueve en el pasto.

Llueve en
mis pasos.

Llueve en la flor.

Llueve en
el árbol.

Llueve en
mi mano.

¡Y no me empapo!

Glosario

flor

pasto

acera

calle